IMPOSTURES,

USURPATIONS,

CRIMES ET VEXATIONS TYRANNIQUES

DE NAPOLÉON BUONAPARTE.

PROCLAMATIONS,

DISCOURS ET LETTRES DE NAPOLÉON

BUONAPARTE;

LORS DE SA CAMPAGNE D'ÉGYPTE.

Voir le dernier Français à son dernier soupir,
Lui seul en être cause, et mourir de plaisir.

IMPOSTURES,

USURPATIONS,

CRIMES ET VEXATIONS TYRANNIQUES

DE

NAPOLÉON BUONAPARTE.

———

NICOLAS, ou Napoléon ou Maximilien Buonaparte, naquit à Ajaccio, en Corse, le 5 février 1768, en non en 1769, comme il est marqué dans les almanachs. Il avoit quitté son prénom de Maximilien, pour ne pas rappeler la mémoire d'un autre Maximilien fort redoutable en 1793, et éviter toute comparaison. Il est fils de Charles Buonaparte, et de madame Lætitia Ramolini. Son père, avocat sans fortune, et chargé d'une famille nombreuse, n'auroit pu se charger de l'éducation de son fils, si M. de Marbœuf, alors commandant en Corse, n'avoit connu madame Lætitia, sa mère, et ne l'eût amené à Paris, pour le placer à l'école militaire de Brienne. C'est à la sollicitation de ce général, que Louis XVI daigna l'admettre au nombre des élèves de cette Ecole. Le souvenir d'un pareil bienfait n'auroit jamais dû sortir de sa mémoire.

La Révolution venoit d'éclater; il embrassa ardemment les idées nouvelles; elles firent la base de son éducation.

N'étant encore que simple officier d'artillerie, il connut, au siège de Toulon, Barras, Salicetti, Fréron; il commanda, en décembre 1793, la terrible mitraille qui eut lieu dans cette malheureuse ville.

Voici la lettre qu'il écrivit à ce sujet, aux Représentans :

« Citoyens Représentans,

« C'est du champ de la gloire, marchant

dans le sang des traîtres, que je vous annonce avec joie que vos ordres sont exécutés, et que la France est vengée. Ni l'âge, ni le sexe n'ont été épargnés; ceux qui avoient seulement été blessés par le canon républicain, ont été dé-pêchés par le glaive de la liberté et par la bayonnette de l'égalité.

« Salut et admiration aux Représentans du peuple, Robespierre jeune, Fréron, etc ».

Signé, BRUTUS BUONAPARTE, citoyen sans-culotte.

Il vint à Paris. Les premiers degrés de son élévation furent marqués du sang des Fran-çois, et les massacres du 13 vendémiaire an 4, (5 octobre 1795) annoncèrent le nouveau Maximilien. Ce jour, il y eut un combat entre la garde nationale parisienne, et la troupe de ligne qui étoit campée dans le jardin des Tuileries, pour la défense de la Convention, menacée d'une insurrection dirigée par toutes les sections de Paris : la garde nationale fut repoussée. L'artillerie qui la repoussa, étoit placée dans la petite rue cul-de-sac Dauphin, le feu en fut dirigé par Buonaparte, sur les marches de Saint-Roch et la rue Neuve de ce nom. Barras lui avoit donné cet ordre. Tout bon François auroit refusé d'égorger ses concitoyens ; mais Buonaparte n'est pas François, il saisit ardemment cette occasion de se faire connoître.

Après le 9 thermidor, il fut destitué comme terroriste, et tomba dans la misère, recevant le petit écu ou le dîner de ses camarades d'armes, et d'une foule de personnes qu'il affecta de méconnoître, dès que la fortune l'eut replacé sur la route de la puissance.

Barras ayant été nommé le 13 brumaire an 4 (4 novembre 1795), un des membres du Directoire, ne l'avoit point oublié ; il le protégea. Sa fortune étoit en bon train, il voulut l'achever à quelque prix que ce fût. Un mariage heureux lui en offroit les moyens ; il obtint, avec la main de madame de Beauharnais, le commandement en chef de l'armée d'Italie.

Ce n'est que par le plus étrange aveuglement, qu'ont pu se tromper, sur les sinistres présages qu'annonçoient les transports de sa joie, lorsqu'il tint enfin sous sa main l'armée d'Italie. Dans l'impatience de son ambition, on l'entendit s'écrier : *Ou qu'il y perdroit la tête, ou que ses ennemis le reverroient plus haut qu'ils ne s'y attendoient.*

En arrivant à l'armée d'Italie, qui étoit dans le plus grand dénûment, le premier acte de *popularité* de Buonaparte, fut de faire fusiller *de sa propre autorité*, à l'occasion d'une distribution de pain qui avoit manqué, un garde magasin accusé de dilapidations imaginaires, et qu'un Conseil de guerre venoit de déclarer innocent. A cette époque, on osoit encore lui parler; et on lui demanda pourquoi il se permettoit une violence aussi odieuse? Il répondit tranquillement, que c'étoit un sacrifice nécessaire : et *ne faut-il pas*, ajouteil, *que le soldat croye que nous nous occupons de son sort?*

Il ne laissa pas long-temps, au reste, le droit de représentation à ceux qui l'entouroient, et il employa tout son machiavélisme à établir, moitié par adresse, moitié à force d'impudence, sa supériorité sur ses égaux.

A son début, il disoit aux généraux : *Vous avez bien combattu.* Après ses premiers succès, *nous avons,* devint quelque temps sa formule: *Convenez,* dit-il bientôt ensuite, *que j'ai gagné une belle affaire.*

Marchant à son but par toutes sortes de chemins, quelquefois même par des routes en apparence opposées, on le voyoit affecter l'indépendance envers les Directeurs, et exalter, dans ses soldats, les sentimens du républicanisme le plus ardent.

Il sentit parfaitement (et ce fut là une de ses plus justes conceptions) que l'éclat de la gloire militaire pouvoit seul élever un homme au-dessus de la loi ; et ce fut par *l'usurpation de la renommée,* qu'il marcha à *l'usurpation du pouvoir.* Il poussoit la dissimulation jusqu'à dire devant ceux qu'il vouloit sonder : *N'est-il pas vrai que si jamais je songeois à usurper l'autorité souveraine, un tel me passeroit son sabre au travers du corps ?* La réponse affirmative étoit suivie de témoignages d'estime et d'approbation, qui sortoient de la bouche, tandis que le cœur dictoit un arrêt de mort, qui s'exécutoit dans des commissions honorables mais périlleuses.

On connoît ses campagnes dans une des plus belles parties de l'Europe ; elles commencèrent sa réputation colossale, et attirèrent sur lui tous les regards.

La soif du pouvoir qui le tourmentoit, le rendit redoutable au Directoire, qui gouvernoit alors. Pour se débarrasser d'un tel adversaire, on consentit à l'expédition d'Egypte, entreprise à grands frais, avec l'élite des armées de terre et de mer. Le Gouvernement se trouvoit heureux de s'en délivrer à ce prix. Il espéroit que cet ambitieux général périroit dans l'expédition, ou qu'il pourroit fonder un empire, objet de tous ses vœux. Vain espoir !

Buonaparte s'ennuyoit fort en Egypte ; mecontent de l'accueil peu obligeant qu'il avoit reçu à Saint-Jean-d'Acre, il songeoit à quitter un peuple grossier qui répondoit si mal à ses bonnes intentions. Il ne lui restoit plus d'ailleurs assez de soldats, pour civiliser *la terre classique*, et pour faire respecter le Koran par les mécréans. Les Mamelucks se moquèrent pendant long-temps de ses proclamations ; les beys commençoient à écrire ; enfin, une armée ottomane étoit sur le point d'arriver. Quel parti va - t - il prendre ? Il est glorieux de rester, il est prudent de fuir !

Après avoir abjuré sa religion, fait fusiller cinq mille prisonniers contre le droit des gens, et donné de l'opium à ses soldats blessés, son étoile le ramena en France, au moment où, fatigué de la tyrannie directoriale, chacun désiroit un changement ; il arriva à Paris, le 16 octobre 1799. Tous les yeux se tournèrent vers lui.

Tous ceux qui désiroient un changement, vinrent se ranger auprès de lui, et on vit arriver, les premiers, ces politiques profonds, ces législateurs métaphysiciens, qui, depuis vingt-cinq ans, pèsent nos destinées dans leurs cabinets, et songent à nos intérêts, sans toutefois oublier les leurs. Ils offroient au général une Constitution toute neuve, dont il seroit content, s'il vouloit en faire l'essai. Buonaparte leur fit un bon accueil, promit de bien payer leur zèle et tint parole.

Au jour dit, le 16 brumaire an 8 (7 novembre 1799), on convoque les conjurés du Conseil des Anciens. L'un d'eux, suivant l'usage, apprend à *la patrie*, qui ne s'en doutoit guères, qu'elle *est en danger*, et montre les *poignards levés* sur la représentation nationale, les torches allumées, et prêtes à incendier cette ville, *sur les cendres de laquelle nos neveux verseroient des larmes de sang.* Aussitôt, de toutes parts, on crie au feu, et Buonaparte paroît pour l'éteindre.

« Malheur, dit-il, à ceux qui voudroient le
« trouble et le désordre ! Je les arrêterai, je
« les punirai. Vous aurez bientôt la paix. »
Tout cela n'étoit pas très-clair ; mais dix mille soldats étoient là pour tenir lieu de commentaire, et pour répondre aux objections

Que faisoient cependant les Directeurs ?
Deux vinrent se joindre au chef de la cons-
piration. Gohier refusa de donner sa démission,
et sortit du Luxembourg par la porte; un autre,
le général Moulins, sauta par la croisée, et
en fut quitte pour une entorse. Le cinquième
(Barras), abdiqua avec dignité, afin de faire
croire qu'il n'étoit pas chassé avec honte.

La scène se passa à Saint-Cloud, où les deux
Conseils avoient reçu l'ordre de se réunir.
Buonaparte, lorsqu'il entra dans la salle des
Anciens, crut entendre quelques murmures.
Il fut visiblement déconcerté. Son discours
n'étoit composé que de phrases hachées, sans
liaison; mais la critique n'osa y mordre.

Les choses ne se passèrent pas aussi douce-
ment au Conseil des Cinq-Cents, où un coup
de théâtre, adroitement préparé pour assurer
le succès de la pièce, faillit en décider la chute.
Au moment où Buonaparte se présenta, es-
corté de trois grenadiers, quelques étourdis
crièrent : *Voilà Cromwell ! A bas le tyran !*

Buonaparte étoit pâle et plus mort que vif;

son embarras et sa peur augmentent lorsqu'il entend le cri de *hors la loi*. Cinquante députés se précipitent autour de lui, le pressent, le repoussent. Le général ne sachant pas apparemment que c'étoit un *jeu concerté entre ses amis*, sort de la salle, monte à cheval et reprend au grand galop le chemin de Paris, en criant de toutes ses forces : *Je suis le dieu de la guerre ! je suis le dieu de la guerre !* Il avoit l'air d'un fou furieux.

Le général Murat, qui gardoit le pont de Saint-Cloud, fort scandalisé de cette équipée, força le dieu de la guerre de tourner bride ; et ce fut alors que Buonaparte, revenu de sa peur, brusqua le dénûment par un pas de charge. A l'aspect des soldats qui venoient prendre une part si active aux délibérations, les députés qu'on n'avoit point initiés au secret de cette comédie, se sauvèrent comme ils purent. Plusieurs passèrent par les fenêtres ; ainsi s'en allèrent ces vénérables sénateurs, qui, la veille, avoient juré d'attendre une mort glorieuse sur leurs siéges.

On le créa premier Consul à terme ; il ne

fut pas plutôt revêtu de ce titre, qu'il vint habiter le château des Tuileries. Pour s'insinuer dans les bonnes graces du peuple, il rétablit le culte catholique. Son ambition ne voulant point de restriction à la puissance dont il étoit revêtu, il se fit nommer premier Consul à vie. Parvenu à cette place honorable, il méditoit déjà l'invasion du trône. Dans ce dessein, il osa proposer à Louis XVIII l'abdication de ses droits, lui offrant en échange, ou un établissement en Italie, ou un traitement considérable en argent. Voici ce que répondit le roi :

« Je ne confonds pas M. Buonaparte avec ceux qui l'ont précédé; j'estime sa valeur, ses talens militaires; je lui sais gré de quelques actes d'administration; car le bien que l'on fera à mon peuple me sera toujours cher.

« Mais il se trompe s'il croit m'engager à renoncer à mes droits; loin de là, il les établiroit lui-même, s'ils pouvoient être litigieux, par la démarche qu'il fait en ce moment.

« J'ignore les desseins de Dieu sur moi et sur mon peuple; mais je connois les obligations qu'il m'a imposées. Chrétien, j'en remplirai les devoirs jusqu'à mon dernier soupir : fils de Saint-Louis, je saurai, comme lui, me respecter jusque dans les fers : successeur de François I.er, je veux toujours pouvoir dire avec lui : *tout est perdu, fors l'honneur.*

« Mietau, le   1802.

« *Signé*, LOUIS. »

Buonaparte, malgré ses promesses fallacieuses de ne prendre les rênes du Gouvernement que pour rétablir la liberté, fit peser sur les têtes du peuple le despotisme le plus absolu. Dès-lors plus de bornes à ses désirs, plus de terme à son ambition : il oublia bientôt ce passage de son discours à la tribune de Saint-Cloud : « François, si j'abuse du pouvoir que « vous me confiez, tournez contre moi vos « baïonnettes, et que je serve d'exemple à « ceux qui tenteroient de vous opprimer. »

Enivré du succès de ses armes, de l'encens que lui prodiguoient journellement ses flatteurs, il dédaigna le titre de Roi de France, dont les fils de Saint-Louis s'étoient glorifiés durant plusieurs siècles ; il se fit proclamer empereur, le 18 mai 1804, en annonçant audacieusement que le vœu de la nation françoise l'appeloit à cette dignité ; il porta la témérité jusqu'à faire arracher le Pape (Pie VII), de son siége, le fit venir à Paris, et l'obligea de le sacrer. La cérémonie de son sacre et de son couronnement se fit dans l'église métropolitaine de cette capitale, le 2 décembre 1805. Non satisfait d'un titre aussi majestueux, il voulut en ajouter un autre ; il passa en Italie, et s'y fit couronner Roi d'Italie, le 26 mai 1805.

Toutefois il pouvoit encore faire oublier son usurpation, se faire chérir, ou supporter du moins, par une nation qu'il courboit sous son sceptre de fer, si, satisfait du superbe empire dont Louis XIV n'avoit pu poser les limites dans les plus beaux temps de son règne, il s'étoit appliqué à faire fleurir la paix, l'ordre, l'économie, l'agriculture, le commerce et les arts : ce genre de gloire lui fut inconnu. Il ne respiroit que les combats ; il ne se plaisoit que sur un champ de bataille, au milieu d'un bain de sang, parmi les cris des mourans et des blessés.

Buonaparte ayant deux couronnes sur la tête, s'imagina qu'il étoit le plus magnanime et le plus puissant monarque de l'univers.

Ennemi juré de l'Angleterre, qui protégeoit la famille des Bourbons qu'il haïssoit, il prétendit, comme Guillaume le Conquérant, faire une descente dans cette île. Combien son orgueil fut cruellement mortifié, quand il vit son expédition manquée, et qu'il en étoit pour la dépense de ses petits bateaux plats qui avoient coûté des sommes immenses.

Désespéré de n'avoir pu réduire cette nouvelle Albion, et entraîné par son ambition de conquête, il porta ses armes vers la Hollande dont il dut la possession plutôt à la rigueur de la saison qu'au courage de ses soldats.

Comme il ne pouvoit rester dans l'inaction, il porta la dévastation dans la Prusse, l'Allemagne et la Pologne. La victoire sembloit précéder ses drapeaux ; tout retentissoit du bruit de ses actions éclatantes qu'il devoit à la valeur des troupes innombrables que ses triomphes lui faisoient sacrifier. La soif de conquérir n'arrêtoit point le carnage qu'il produisoit. Il marchoit sans être ému sur des monceaux de morts. Le sang de ses sujets ne produisoit aucune émotion sur son ame. Le bonheur accompagna ses armes et il devint victorieux. Il prit alors le titre de Protecteur de la confédération du Rhin.

Buonaparte, en quittant le masque républicain pour se déclarer monarque, avoit de justes raisons de craindre les Bourbons. Il crut, pour sa sûreté, devoir faire enlever le 15 mars 1804, par le général Ordener, celui de ces princes qui, sur les frontières paroissoit, disoit-on, rassembler des mécontens, et qu'on lui représentoit en mesure d'aider les insurgés qui pouvoient se lever dans l'intérieur de la France.

Le duc d'Enghien étoit alors avec la princesse Charlotte de Rohan à Ettenheim. Ce prince se croyoit en sûreté dans ce petit bourg, qui étoit son humble retraite, lorsque Buonaparte, violant le territoire de l'Empire germanique, le fit enlever et conduire à Strasbourg. Il arrive à Paris après cinq jours et cinq nuits de poste : il est transféré à Vincennes. On le mène devant une commission militaire qui le condamne sur des inculpations qui lui furent faites, et qui toutes étoient fausses. Le roi de Suède, Gustave Adolphe, qui étoit en ce moment à Carlsruhe, ayant appris l'enlèvement du duc d'Enghien, envoya un de ses aides-de-camp à Paris pour réclamer le Duc. Buonaparte, malgré les instances réitérées de l'aide-de-camp, refusa d'acquiescer à la réclamation. L'Impératrice Joséphine se jeta aux genoux de Buonaparte pour obtenir que ce jugement ne fût point exécuté; ses larmes et ses prières furent inutiles. Son frère Lucien, qui avoit aussi imploré la grace du Duc, indigné de l'injustice et de la cruauté de Buonaparte, tira sa montre, la jeta à terre, l'écrasa de son pied. « Voilà, lui dit-il, « le sort qui vous attend; les François vous « écraseront un jour de même et vous foule- « ront à leurs pieds. » Il méprisa ce conseil salutaire, et ordonna l'exécution du jugement. Le 22 mars 1804, à une heure du matin, le Duc d'Enghien part à la lueur des flambeaux, et le coup fatal termine ses jours.

Buonaparte, par cette action atroce, vouloit sans doute faire perdre aux Bourbons, tout espoir de retour en France.

Comme ce n'étoit que par le crime, par la perfidie, par tous les ressorts d'une politique machiavélique qu'il s'étoit élevé à la tête des François, dont le sang fut le premier titre à sa gloire, il se livra sans contrainte à son caractère féroce.

Il faisoit la loi en Italie, en Suisse, en Piémont. Enorgueilli du succès de ses armes, il se fit un devoir de violer tous les droits. Ayant appris que la reine de Naples avoit quelque intelligence avec les Anglois, il la détrôna, en disant : *La reine de Naples a cessé de régner.*

Il s'emparoit en son nom des royaumes dont il devenoit vainqueur; il changeoit à son gré la forme de leur gouvernement; il partageoit ces

états entre sa famille , dont il faisoit des souverains et des souveraines. Il vouloit enfin deve-
nir le premier potentat de l'univers.

Jaloux de la gloire de Pichegru, de l'estime
publique que le peuple françois et les soldats
accordoient à Moreau, il employa, pour les perdre, les machinations les plus viles, les complots
les plus odieux; promesses solennelles, décla-
ration signée de sa propre main, il n'épargna
rien pour les faire tomber dans les pièges qu'il
leur tendoit. Craignant que Pichegru, dont
tout le monde connoissoit le caractère ferme
et véridique, ne dévoilât sa perfidie aux yeux
des juges, il ordonna à ses satellites de l'étran-
gler, et de faire courir le bruit qu'il s'étoit
étranglé lui-même à l'aide d'un tourniquet.
Pichegru mort, il crut qu'il lui seroit facile
de faire périr Moreau; mais l'opinion publique
qui se prononçoit fortement en sa faveur, le
convainquit, que la condamnation de ce général entraîneroit sa perte. On ne prétend point
juger le tribunal qui condamna le général Moreau à deux années de détention; mais il est
constant que cette sentence jeta Buonaparte

dans une excessive fureur. C'étoit la peine capitale qu'il vouloit à toute force faire prononcer.
Il auroit eu occasion d'accorder des lettres de
graces au trop illustre condamné; c'eût été
pour le persécuteur un excellent moyen d'affecter sans risque une clémence sublime, et de
le flétrir pour jamais dans l'opinion publique. Il
en arriva tout autrement; le général françois
dans les fers parut plus grand, plus magnanime
que l'usurpateur corse sur son trône.

Buonaparte auroit dû borner ses conquêtes
à son traité de paix avec l'empereur de Russie, l'empereur d'Allemagne et le roi de
Prusse, et se trouver trop glorieux des titres
d'Empereur des François, de roi d'Italie et
de protecteur de la Confédération du Rhin;
mais l'ambition de dominer toutes les puissances le porta à s'emparer de l'Espagne. Point
de repos pour son cœur qu'il ne fût devenu
possesseur de cette belle contrée.

Cependant le roi d'Espagne étoit son allié;
il n'avoit aucun motif quelconque pour l'ex-
pulser du trône; n'écoutant que le vœu de

son ame altière, il envoie des émissaires pour jeter la discorde parmi les princes de ce royaume, et sous le spécieux prétexte de terminer les différends qui, par ses menées perfides, s'étoient élevés entre ces princes, il se proposa pour être arbitre de leurs démêlés. Il ne se vit pas plutôt revêtu de ce titre qu'il s'empara de la couronne espagnole, et la plaça sur la tête de son frère Joseph.

Que de sang fut versé pour soutenir cette injuste et cruelle usurpation, qui fit revivre l'énergie de cette nation intrépide qui, après de rudes épreuves, parvint enfin à reprendre ses possessions légitimes, et à chasser l'usurpateur de son royaume.

Les annales de l'histoire ancienne et moderne ne fournissent point d'exemple d'un mortel qui, par le nombre multiplié de ses impostures et de ses usurpations, ait figuré sur le théâtre du monde comme Buonaparte, et qui, autant que lui, ait créé des rois, des reines, des princes, des princesses, des ducs, etc. Pour prouver qu'il étoit un fabricant de souverains, nous citerons seulement Eugène

Napoléon, *vice-roi d'Italie* ; Louis Napoléon, *roi de Hollande* ; Jérôme Napoléon, *roi de Westphalie* ; Joseph Napoléon, *roi d'Espagne* ; Joachim Napoléon, *roi des Deux Siciles* ; Murat, *roi de Naples* ; la princesse Elisa, *grande-duchesse de Toscane* ; Napoléon, *grand-duc de Berg*, etc.

Buonaparte entraîné par son aveuglement d'ambition, dépouilla de ses états le souverain Pontife, réunit à son propre empire tout ce qui lui parut à sa bienséance, fit venir en France ce vénérable chef de la religion, et le retint captif.

Jaloux de sa souveraineté, et voulant faire oublier son extraction, il rechercha l'alliance de Marie-Louise, archiduchesse d'Autriche. La main de cette princesse lui étant accordée, il l'épousa après avoir fait prononcer la nullité de son mariage avec madame Joséphine Beauharnais. Par cette union qui, suivant sa politique, légitimoit sa souveraineté, il vouloit satisfaire son orgueil de donner un successeur à son trône. Le destin favorisa son vœu. Il avoit décrété que cent un coups de canon, réitérés par des salves, portées de deux en deux lieues, annonceroient à toutes les puissances de l'Europe la naissance de son fils; comme si tous les souverains, à l'instar des rois Mages, devoient venir présenter leur hommage et l'encens à ce nouveau-né, auquel il avoit donné, en venant au monde, le titre de roi de Rome.

Buonaparte plus ambitieux que jamais, et s'imaginant avoir enchaîné pour jamais la victoire à son char, alla attaquer l'empereur Alexandre, pénétra jusques dans les déserts de la Russie. La France se souviendra long-temps de la campagne de Moscow. Plus de trois cent mille hommes détruits, la cavalerie françoise anéantie, l'artillerie et le trésor au pouvoir de l'ennemi. Voilà le fruit de son entreprise militaire.

Non déconcerté des revers et des pertes considérables qu'il venoit d'éprouver, il repassa en France, leva de nouvelles conscriptions, sans avoir égard aux exemptions légitimes qu'il avoit décrétées, et qu'il auroit dû respecter; il emmena avec lui de troupes nombreuses qui,

malheureusement subirent le même sort. Poursuivi malheureusement par l'ennemi, il donna
l'ordre de faire sauter le pont de Leipsick pour
éviter d'être pris, et par cette mesure atroce,
qui, suivant lui, assuroit sa sûreté, il perdit
dix mille hommes qui périrent en voulant tra-
verser l'Elster à la nage.

La rage dans le cœur, il revient à Paris,
toujours poursuivi par des puissances qui s'é-
toient coalisées pour mettre un frein à son ambition démesurée, et qui avoient déjà pénétré
sur le territoire de l'Empire françois. N'ayant
ni troupes, ni cavalerie, ni canons, ni fusils à
leur opposer, il décréta la levée en masse.

Les législateurs, qui alors étoient assemblés,
lui ayant, avec le plus grand ménagement, re-
présenté la vérité, il les chassa outrageusement
à la face de l'Europe.

Il envoya des sénateurs dans tous les dépar-
temens, avec pouvoir de faire partir de force,
soit dans les villes, soit dans les villages ou

hameaux, tous les hommes sans distinction
d'âge.

Envain des souverains magnanimes, avares
du sang de l'humanité, présentent généreuse-
ment la paix à Buonaparte; il méconnoît sa
situation. Le ciel, lors de ses forfaits, lui met
un bandeau épais devant les yeux : son heure
fatale est marquée; lui-même se plaît à creuser
l'abîme qui va l'engloutir. Loin de réfléchir
sur les revers qu'il éprouve, il se nourrit de
vengeances atroces. De nouveaux forfaits peuvent ils étonner de la part de Buonaparte? Pro-
fondément ingrat, féroce par tempérament,
l'assassinat, tous les crimes que réprouvent les
hommes lui sont familiers. Il se plaît à faire le
malheur de l'univers entier. J'en appelle à toutes les nations dont il fut le fléau, l'Espagne,
l'Italie, l'Allemagne, la Pologne, la Prusse, la
Hollande, qu'elles élèvent la voix et qu'elles
jugent.

Ne portons les yeux que sur les malheurs
publics dont il affligea la France. L'industrie
anéantie, les champs sans culture, toutes les

ressources épuisées, toutes les familles plongées dans le deuil. Les jeunes gens enlevés à l'état qu'ils ont embrassé, enlevés à leurs parens dont ils sont l'appui, moissonné par les armes, avant d'avoir la force de les porter ; aucune liberté, tous les actes du pouvoir le plus arbitraire, une terreur universelle, voilà, oui, voilà le tableau déchirant que son règne présente.

Quoique les ennemis s'avançassent avec une marche rapide, et toujours avec des succès inouïs, Buonaparte faisoit impunément courir le bruit qu'ils étoient tantôt anéantis, tantôt battus, tantôt fuyans. Pour les rendre odieux, il leur attribuoit le pillage que les troupes françoises faisoient dans les endroits par où elles passoient ; car ne leur donnant ni étape, ni aucun moyen de subsistance, il falloit nécessairement qu'elles prissent ce qu'elles trouvoient sur leur route.

Quand il sut les troupes coalisées aux portes de Paris, ennemi de ses propres sujets, longtemps trompés par lui, il donna l'ordre parricide d'exposer inutilement la garde nationale pour la défense impossible de la capitale, sur laquelle il appeloit ainsi toutes les vengeances de l'ennemi. Il fit afficher ministériellement qu'il s'avançoit sur la capitale avec une colonne de trente mille hommes, et engageoit la garde nationale à sortir de ses murs, et à se rallier autour de lui; plusieurs citoyens ont suivi ce conseil perfide, et en ont été les victimes. Mais la journée du 30 mars, où les habitans de Paris rassemblés sur les hauteurs de Belleville, Saint-Chaumont et Montmartre, ont déployé une vigoureuse résistance, quoique abandonnés et trahis par les chefs qui les avoient entraînés dans une lutte inégale, a mis un terme à la fortune comme à la réputation militaire de Buonaparte. Les habitans enfin indignés des vexations tyranniques sous lesquelles ils gémissoient depuis trop long-temps, ont reçu dans leur capitale, et au milieu des applaudissemens universels, les Souverains magnanimes qui leur apportoient la paix, et ont exprimé le vœu sincère de voir dorénavant le trône françois occupé par Louis XVIII, et successivement par la famille des Bourbo. En conséquence, la déchéance de

Buonaparte a été proclamée et reconnue una-
nimement de tous les citoyens : juste punition
qu'il s'est attirée par son ambition.

Lorsque l'inexorable histoire retracera les
crimes et les fautes de Buonaparte, elle pein-
dra son insatiable avidité, son orgueil insup-
portable, son entier oubli des convenances;
elle le représentera injuriant sans cesse des
Souverains qu'il auroit dû respecter, puisqu'il
l'étoit devenu, se repaissant de chimères, ne
faisant des traités que pour se préparer à de
nouvelles agressions, formant d'injustes en-
vahissemens au sein de la paix, sans conduite,
sans foi, sans humanité, redoutable aux siens
mêmes, en exécration aux François et à tous
les peuples.

PROCLAMATIONS,

DISCOURS ET LETTRES

DE

NAPOLÉON BUONAPARTE

PENDANT SA CAMPAGNE D'ÉGYPTE.

~~~~~~~~~~~~~

MOT DE L'ÉNIGME.

Pars mala, non bona pars! dicant te tempora; quare
Prœlia conchudat sors mala, non bona sors.
Albionum ad littus frangetur denique victrix
Gallia, nos cunctos gens tua dejiciet.
Destituet mare spes magnas, nec tempora cingat
Laurus navalis: quod tibi vaticinor!
~~~~~~~~~~~~~

PROCLAMATIONS,

DISCOURS ET LETTRES

DE

NAPOLÉON BUONAPARTE

PENDANT SA CAMPAGNE D'ÉGYPTE.

~~~~~~~~~~~

I.

DISCOURS

Adressé à l'armée françoise avant l'embarquement à Toulon, le 8 mai 1798.

Officiers et soldats, il y a deux ans, que je vins vous commander. A cette époque, vous étiez dans la Rivière de Gênes, dans la plus grande misère, manquant de tout, ayant sacrifié jusqu'à vos montres, pour votre subsistance réciproque. Je vous promis de faire cesser vos misères, je vous conduisis en Italie, là
~~~~~~~~~~~

tout vous fut accordé. Ne vous ai-je pas tenu parole? — Eh bien, apprenez que vous n'avez pas encore assez fait pour la patrie, et que la patrie n'a pas encore assez fait pour vous.

Je vais actuellement vous mener dans un pays où, par vos exploits futurs, vous surpasserez ceux qui étonnent aujourd'hui vos admirateurs, et rendrez à la patrie les services qu'elle a droit d'attendre d'une armée d'invincibles. *Je promets à chaque soldat, qu'au retour de cette expédition, il aura à sa disposition de quoi acheter six arpens de terre.* Vous allez courir de nouveaux dangers, vous les partagerez avec nos frères les marins. Cette armée jusqu'ici ne s'est pas rendue redoutable à nos ennemis; leurs exploits n'ont point égalé les vôtres; les occasions leur ont manqué, mais le courage des marins est égal au vôtre. Leur volonté est celle de triompher, ils y parviendront avec vous. Communiquez-leur cet esprit invincible, qui partout vous rendit victorieux; secondez leurs efforts; vivez à bord, avec cette intelligence qui caractérise des hommes purement animés et voués au bien de la même cause. Ils ont, comme vous , acquis des droits à la reconnoissance nationale, dans l'art difficile de la marine. Habituez-vous aux manœuvres de bord , devenez la terreur de nos ennemis de terre et de mer ; imitez en cela les soldats romains qui surent à-la-fois battre Carthage en plaine, et les Carthaginois sur leurs flottes.

II.

PROCLAMATION

Du 9 mai 1798.

Soldats, vous êtes une des ailes de l'armée d'Angleterre ; vous avez fait la guerre des montagnes, des plaines, des sièges ; il vous reste à faire la guerre maritime. Les légions romaines que vous avez quelquefois imitées, mais pas encore égalées, combattoient Carthage tour-à tour, sur cette mer et aux plaines de Zama. La victoire ne les abandonna jamais, parce que constamment elles furent braves, patientes à supporter les fatigues, disciplinées, et unies entre elles.

Soldats, l'Europe a les yeux sur vous. Vous avez de grandes destinées à remplir, des batailles à livrer, des dangers, des fatigues à vaincre ; vous ferez plus que vous n'avez fait pour la prospérité de la patrie, le bonheur des hommes, et votre propre gloire. Soldats, matelots, fantassins, canonniers ou cavaliers, soyez unis ! Souvenez - vous que le jour d'une bataille, vous avez besoin les uns des autres ! Soldats-matelots, vous avez été jusqu'ici négligés ; aujourd'hui la plus grande sollicitude de la république est pour vous ; vous serez dignes de l'armée dont vous faites partie. Le génie de la liberté qui a rendu la république, dès sa naissance, l'arbitre de l'Europe, veut qu'elle le soit des mers, et des contrées les plus lointaines!

···

III.

PROCLAMATION

Du 21 juin 1798.

Soldats, vous allez entreprendre une conquête dont les effets sur la civilisation et le commerce du monde sont incalculables. Vous porterez à l'Angleterre le coup le plus sûr et le plus sensible, en attendant que vous puissiez lui donner le coup de mort. Nous ferons quelques marches fatiguantes, nous livrerons plusieurs combats, nous réussirons dans toutes nos entreprises ; *les destins* sont pour nous. Les beys Mameloucks qui favorisent exclusivement le commerce anglois, qui ont couvert d'avanies nos négocians, et tyrannisent les malheureux habitans du Nil, quelques jours après notre arrivée n'existeront plus. Les peuples avec lesquels nous allons vivre, sont Mahométans ; leur premier article de foi est celuici : Il n'y a pas d'autre Dieu que Dieu, et Mahomet est son Prophète. Ne les contredisez pas ; agissez avec eux comme nous avons agi avec les Juifs, avec les Italiens ; ayez des égards pour leurs Muftis et leurs Imans, comme vous en avez eu pour les Rabbins et les Evêques. Ayez pour les cérémonies que prescrit l'Alcoran, pour les Mosquées, la même *tolérance* que vous avez eue pour les couvens, pour les synagogues, pour la religion de Moïse et de *Jésus-Christ*. Les légions romaines protégeoient toutes les religions. Vous trouverez ici des usages différens de ceux de l'Europe ; il faut vous y accoutumer. Les peuples chez lesquels nous allons, traitent les femmes différemment que nous, mais dans tous les pays celui qui viole est un monstre. Le pillage n'enrichit qu'un petit nombre d'hommes, il nous déshonore, il détruit nos ressources, il nous rend ennemis les peuples qu'il est de notre intérêt d'avoir pour amis. La première ville que nous allons rencontrer, a été bâtie par Alexandre. Nous trouverons à chaque pas de grands souvenirs, dignes d'exciter l'émulation des François. — Au quartier général, *à bord de l'Orient*, le 21 juin.

IV.

LETTRE

Adressée le 20 juin 1798, au Pacha d'Égypte.

Le directoire exécutif de la république françoise s'est adressé plusieurs fois à la Sublime Porte, pour demander le châtiment des Beys d'Egypte, qui accabloient d'avanies les commerçans françois. Mais la Sublime Porte a déclaré que les Beys, gens capricieux et avides, n'écoutoient pas les principes de la justice, et que non-seulement elle n'autorisoit pas les insultes qu'ils faisoient à ses bons et anciens amis les François, mais que même elle leur ôtoit sa protection. La république françoise s'est décidée à envoyer une puissante armée, pour mettre fin aux brigandages des Beys d'Egypte, ainsi qu'elle a été obligée de le faire plusieurs fois, dans ce siècle, contre les Beys de Tunis et d'Alger. Toi, qui devrois être le maître des Beys, et que cependant ils tiennent au Caire sans autorité et sans pouvoir, tu dois voir mon arrivée avec plaisir. Tu es sans doute déjà instruit que je ne viens point pour rien faire contre l'Alcoran, ni le Sultan. Tu sais que la nation françoise est la seule et unique alliée qu'ait en Europe le Sultan. Viens donc à ma rencontre, et maudis avec moi la race impie des Beys. — *À bord de l'Orient le 20 juin.*

V.

LETTRE

Au commandant de la rade d'Alexandrie, le 3 juillet 1798.

Les Beys ont couvert nos commerçans d'avanies ; je viens en demander réparation. Je serai demain dans Alexandrie; vous ne devez avoir aucune inquiétude , vous appartenez à notre grand ami le Sultan ; conduisez-vous en conséquence. Mais si vous commettez la moindre hostilité contre l'armée françoise, je vous traiterai en ennemi, et vous en serez cause, car cela est loin de mon intention et de mon cœur. — *A bord de l'Orient*, le 3 juillet.

⁓⁓⁓⁓⁓⁓⁓⁓⁓⁓⁓⁓⁓⁓⁓⁓⁓⁓⁓⁓⁓⁓⁓⁓⁓⁓⁓⁓⁓⁓

VI.

PROCLAMATION

Publiée en arabe après le débarquement en Egypte.

Depuis assez long-temps, les Beys qui gouvernent l'Egypte, insultent à la nation françoise, et couvrent les négocians d'avanies; l'heure de leur châtiment est arrivée. Depuis trop long-temps, ce ramassis d'esclaves, achetés dans le Caucase et la Géorgie, tyrannise la plus belle partie du monde; mais Dieu de qui tout dépend, a ordonné que leur empire finit. Peuples de l'Egypte, on vous dira que je viens pour détruire votre religion, ne le croyez pas. Répondez que je viens vous restituer vos droits, punir les usurpateurs, et que je respecte, plus que les Mameloucks, Dieu, son prophète Mahomet , et l'Alcoran. Dites-leur que tous les hommes sont égaux devant Dieu. La sagesse, les talens et les vertus, mettent seuls de la différence entre eux. Or quelle sagesse, quels talens, quelles vertus distinguent les Mameloucks, pour qu'ils aient exclusivement tout ce qui rend la vie aimable et douce? Y-a-t-il une belle terre? Elle appartient aux Mameloucks. Y-a-t-il une belle esclave, un beau cheval, une belle maison? Cela appartient aux Mameloucks. Si l'Egypte est leur ferme, qu'ils montrent le bail que Dieu leur en a fait.

Mais Dieu est juste et miséricordieux pour le peuple. Tous les Egyptiens seront appelés à gérer toutes les places. Les plus sages, les plus instruits, les plus vertueux gouverneront, et le peuple sera heureux. Il y avoit jadis parmi vous de grandes villes, de grands canaux, un grand commerce. Qui a tout détruit, si ce n'est l'avarice, les injustices et la tyrannie des Mamaloucks? Caelis, Cheikhs, Imans, Tchorbadgis, dites au peuple, *que nous sommes amis des vrais Musulmans. N'est-ce pas nous qui avons détruit le Pape qui disoit, qu'il fal-*

loit faire la guerre aux Musulmans ? N'est-ce pas nous, qui avons détruit les chevaliers de Malthe, *parce que* ces insensés croyoient que Dieu vouloit qu'ils fissent la guerre aux Musulmans ? N'est-ce pas nous qui avons dans tous les siècles été les amis du Grand-Seigneur, (que Dieu accomplisse ses désirs !) et les ennemis de ses ennemis ? Les Mameloucks au contraire, ne se sont-ils pas toujours révoltés contre l'autorité du Grand-Seigneur, qu'ils méconnoissent encore ? Ils ne font que leurs caprices. Trois fois heureux ceux qui seront avec nous ; ils prospéreront dans leur fortune et leur rang. Heureux ceux qui seront neutres, ils auront le temps d'apprendre à nous connoître, et ils se rangeront avec nous! Mais malheur, trois fois malheur à ceux qui s'armeront pour les Mameloucks, et combattront contre nous ; non, il n'y aura pas d'espérance pour eux, ils périront.

VII.

LETTRE

*Adressée aux Cheiks et Notables du Caire,
le 24 Juillet 1798.*

Vous verrez, par la proclamation ci-jointe, les sentimens qui m'animent. Hier, les Mameloucks ont été pour la plupart tués ou faits prisonniers, et je suis à la poursuite du peu qui reste encore. Faites passer de ce côté-ci les bateaux qui sont sur votre rive, envoyez-moi une députation, pour me faire connoître votre soumission. Faites préparer du pain, de la viande, de la paille et de l'orge pour mon armée, et soyez sans inquiétude ; car personne ne désire plus contribuer à votre bonheur que moi. — *Giza*, le 24 Juillet.

....

VIII.

PROCLAMATION

Au Peuple du Caire.

Peuple du Caire, je suis content de votre conduite. Vous avez bien fait de ne pas prendre parti contre moi. Je suis venu pour détruire la race des Mameloucks, protéger le commerce et les naturels du pays. Que tous ceux qui ont peur se tranquillisent ; que ceux qui se sont éloignés rentrent dans leurs maisons ; que la prière ait lieu aujourd'hui, comme à l'ordinaire, comme je veux qu'elle continue toujours. Ne craignez rien pour vos familles, vos maisons, vos propriétés, et surtout pour la religion du Prophète que j'aime. Comme il est urgent qu'il y ait des hommes chargés de la police, afin que la tranquillité ne soit pas troublée, il y aura un divan, composé de sept personnes qui se réuniront à la mosquée de Ver ; il y en aura toujours deux près du com-

mandant de la place, et quatre seront occupés
à maintenir la tranquillité publique, et à veil-
ler à la police. — Au quartier général à *Giza.*

***

IX.

LETTRE

Au Pacha du Caire.

L'intention de la république françoise, en
occupant l'Egypte, a été d'en chasser les Mameloucks, qui étoient à la fois rebelles à la
Porte, et ennemis déclarés du gouvernement
françois. Aujourd'hui qu'elle s'en trouve maî-
tresse par la victoire signalée que son armée
a remportée, son intention est de conserver
au Pacha du Grand-Seigneur, ses revenus et
son existence. Je vous prie donc d'assurer la
Porte qu'elle n'éprouvera aucune espèce de
perte, et que je veillerai à ce qu'elle continue
à percevoir le même tribut qui lui étoit ci-
devant payé. — Au quart. gén. de *Giza.*

X.

PROCLAMATION

A l'Armée françoise, du 22 Septembre 1798.

Soldats, nous célébrons le premier jour de l'an 7 de la république. Il y a cinq ans, l'indépendance du peuple françois étoit menacée, mais vous prîtes Toulon, ce fut le présage de la ruine de nos ennemis. Un an après vous battiez les Autrichiens à Dego. L'année suivante, vous étiez sur le sommet des Alpes: vous luttiez contre Mantoue, il y a deux ans; et vous remportiez la célèbre victoire de Saint-Georges. L'an passé, vous étiez aux sources de la Drave et de l'Isonzo, de retour de l'Allemagne. Qui eût dit alors, que vous seriez aujourd'hui sur les bords du Nil, au centre de l'ancien continent? Depuis l'Anglois, célèbre dans les arts et le commerce, jusqu'au hideux et féroce Bedouin, vous fixez les regards du monde. Soldats! votre destinée est belle, parce que vous êtes dignes de ce que vous avez fait,

et de l'opinion que l'on a de vous. Vous mour-
rez avec honneur, comme les braves dont les
noms sont inscrits sur cette pyramide, ou vous
retournerez dans votre patrie, couverts de lau-
riers et de l'admiration de tous les peuples
Depuis cinq mois que nous sommes éloignés
de l'Europe, nous avons été l'objet perpétuel
des sollicitudes de nos compatriotes. Dans ce
jour, quarante millions de citoyens pensent à
vous; tous disent: c'est à leurs travaux, à leur
sang, que nous devrons la paix générale, le
repos, la prospérité du commerce, et les bienfaits de la liberté civile.

XI.

PROCLAMATION

*Aux habitans du Caire, publié deux mois
après la révolte qui avoit eu lieu le 21 octobre 1798.*

Habitans du Caire! Des hommes pervers
avoient égaré une partie d'entre vous; ils ont

péri. Dieu m'a ordonné d'être miséricordieux pour le peuple ; j'ai été clément et miséricordieux envers vous. J'ai été fâché contre vous de votre révolte ; je vous ai privés pendant deux mois de votre divan ; mais aujourd'hui, je vous le restitue ; votre conduite a effacé la tache de votre révolte.

Scheryfs, Ulémas, orateurs des mosquées, faites bien connoître au peuple que ceux qui de gaieté de cœur se déclareroient mes ennemis, n'auront de refuge, ni dans ce monde, ni dans l'autre. *Y auroit-il un homme assez aveugle pour ne pas voir que le destin lui-même dirige toutes mes opérations ?* Y auroit-il quelqu'un assez incrédule pour révoquer en doute que tout, en ce vaste univers, est soumis à l'empire du destin ?

Faites connoître au peuple que depuis que le monde est monde, il étoit écrit qu'après avoir détruit les ennemis de l'islamisme, je viendrois du fond de l'Occident, remplir la tâche qui m'a été imposée. Faites voir au peuple que dans le saint livre du Koran, dans plus de vingt passages, ce qui arrive a été prévu, et ce qui arrivera est également expliqué. Que ceux donc que la crainte seule de nos armes empêche de nous maudire changent, car en faisant au ciel des vœux contre nous, ils sollicitent leur condamnation! Que les vrais croyans fassent des vœux pour la prospérité de nos armes! Je pourrois demander compte à chacun de vous, des sentimens les plus secrets de son cœur; car je sais tout, même ce que vous n'avez dit à personne, mais *un jour viendra, que tout le monde verra avec évidence que je suis conduit par des ordres supérieurs, et que tous les efforts des humains ne peuvent rien contre moi. Heureux ceux qui de bonne foi sont les premiers à se mettre avec moi!*

XII.

LETTRE

Au Scheryff de la Mekke.

Je vous fais savoir mon arrivée au Caire, à la tête de l'armée françoise. Vous verrez par les lettres que vous écrivent le divan et les principaux négocians du Caire, que j'ai nommé Emir hadjy, Moustafa-Bey, kyaya de Seyd, Abou-Bekir, pacha, gouverneur d'Egypte. Il escortera la caravane avec des forces qui la mettront à l'abri des insultes des Arabes. Faites connoître à tous les négocians et fidèles, que les Musulmans n'ont pas de meilleurs amis que nous ; de même que tous les scheryfs, et tous ceux qui emploient leur temps et leurs moyens à instruire les peuples, et à propager les maximes du saint livre, n'ont pas de plus zélés protecteurs. Assurez tous les négocians que non-seulement le commerce n'a rien à craindre, mais qu'il sera spécialement protégé. Je veillerai toujours aux intérêts de la sacrée ka'ba, dont je me fais gloire d'être le protecteur. Je vous prie de croire aux sentimens d'estime, et à la considération que j'ai pour vous.

XIII.

PROCLAMATION

A l'entrée de Napoléon en Syrie.

Au nom de Dieu tout-puissant, éternel, infini et souverainement intelligent, qui n'a point été créé, qui ne crée point, qui n'a point de fils, etc. Habitans de la Syrie! Nous avons disposé notre marche avec justice et vérité; nous avons fermement persisté dans la résolution de protéger les libres et les esclaves; nous avons paru avec nos armées victorieuses, pour secourir les opprimés, et leur faire goûter pour toujours le repos et la paix. Le Caire-la-grande, Alexandrie-la-puissante, Cypre et Jérusalem, Ptolémaïs et Damas, les campagnes et les antiques monumens qui entourent ces villes, ont vu l'entrée de nos armées dont la puissance est infinie et incompréhensible, même aux plus intelligens. Protection à toute ville qui se donnera à nous! Mais celles qui refuseront nos bienfaits, malheur à elles et à leurs habitans! C'est pour annoncer cette vérité à la Syrie, que nous avons fait cette proclamation immuable. Si vous vous rendez à nous vous ne serez point abandonnés, sinon le tranchant du glaive atteindra vos têtes.

Apprenez cela, et salut!

Signé, Buonaparte.

XIV.

PROCLAMATION

Publiée en mai 1799 *après la levée du siège de S. Jean d'Acre.*

Soldats, vous avez traversé le désert qui sépare l'Afrique de l'Asie, avec plus de rapidité qu'une armée arabe. L'armée qui étoit en marche pour envahir l'Egypte est détruite; vous avez pris son général, son équipage de campagne, ses bagages, ses outres, ses chameaux. Vous vous êtes emparés de toutes les pièces fortes qui défendent les puits du désert. Vous avez dispersé aux champs du Mont-Tabor cette nuée d'hommes accourus de toutes les parties de l'Asie, dans l'espoir de piller l'Egypte. Les trente vaisseaux que vous avez vu arriver dans Acre, il y a douze jours, portoient l'armée qui devoit assiéger Alexandrie; mais obligée d'accourir à Acre, elle y a fini ses jours; une partie de ses drapeaux orneront votre entrée en Egypte. Enfin, après avoir, avec une poignée d'hommes, nourri la guerre pendant trois mois, dans le cœur de la Syrie, pris quarante pièces de campagne, cinquante drapeaux, fait six mille prisonniers, rasé les fortifications de Gaza, Jaffa, Caïffa, Acre, nous allons rentrer en Egypte.

La saison des débarquemens m'y rappelle. Encore quelques jours, et vous aviez l'espoir de prendre le pacha même au milieu de son palais; mais dans cette saison la prise du château d'Acre ne vaut pas la perte de quelques jours; les braves que je devrois d'ailleurs y

perdre, sont aujourd'hui nécessaires pour
des opérations plus essentielles. Soldats! nous
avons une carrière de fatigue et de dangers à
courir. Après avoir mis l'Orient hors d'état
de rien faire contre nous, cette campagne, il
nous faudra peut-être repousser les efforts
d'une partie de l'Occident. Vous y trouverez
une nouvelle occasion de gloire; et si au milieu de tant de combats, chaque jour est
marqué par la mort d'un brave, il faut que
de nouveaux braves se forment et prennent
rang à leur tour, parmi ce petit nombre qui
donne l'élan dans les dangers et maîtrise la
victoire.

XV

PROCLAMATION

*A l'armée française, publiée après le dé-
part de Buonaparte pour la France, le
24 août 1799.*

Les nouvelles d'Europe m'ont décidé à
partir pour la France. Je laisse le commandement de l'armée au général *Kleber*. L'armée

aura bientôt de mes nouvelles ; je ne puis en dire davantage. Il me coûte de quitter les soldats auxquels je suis le plus attaché ; mais ce ne sera que momentanément, et le général que je leur laisse, a la confiance du gouvernement et la mienne.

XVI.

ADRESSE

Au Divan du Caire, publiée après le départ de Buonaparte.

Ayant été instruit que mon escadre étoit prête, et qu'une armée formidable étoit embarquée dessus ; convaincu, comme je vous l'ai plusieurs fois dit, que tant que je ne frapperai pas un coup qui écrase à la fois tous mes ennemis, je ne pourrai jouir tranquillement et paisiblement de l'Egypte, la plus belle partie du monde ; j'ai pris le parti d'aller me mettre à la tête de mon escadre, laissant le commandement, pendant mon absence, au général Kléber, homme d'un mérite distingué, et auquel j'ai recommandé d'avoir pour les ulémas et les cheykhs la même amitié que moi. Faites ce qu'il vous sera possible, pour que le peuple d'Egypte ait en lui la même confiance qu'il avoit en moi, et qu'à mon retour qui sera dans deux ou trois mois, je sois content du peuple d'Egypte, et que je n'aie que des louanges et des récompenses à donner aux cheykhs.

FIN.